Duftende Kaffeephantasien
für dich!

Duftende Kaffeephantasien

für dich!

GONDROM

Projektleitung dieser Ausgabe: Verena Zemme, AKKABA Verlag und Agentur, Bad Tölz
Satz dieser Ausgabe: PITULE DESIGN STUDIO, München
Umschlaggestaltung: HildenDesign, München
Foto: © Michael Brauner / Stockfood

Bildnachweis:
Asbach GmbH, Rheinberg: Seite 75
Aurora Mühlen GmbH: Seite 49, 53, 55, 83
Bodum AG, Tiengen: Seite 13
CMA, Centrale Marketing-Gesellschaft der deutschen Agrarwirtschaft mbH, Bonn: Seite 15, 19, 29, 33, 37, 41, 43 45, 47, 51, 59, 89
Deutscher Kaffeeverband e.V., Hamburg: Seite 5, 6, 7, 8, 69, 71, 73, 77, 79, 81
Heide Schwarzweller/Segmenta PR, Hamburg (Schwartauer Werke): Seite 27, 39
Ketchum GmbH, München (CMA Butter und Butterschmalz): Seite 35, 59, 67
Peter Kölln, Köllnflockenwerke, Elmshorn: Seite 61, 63, 91, 93
Porzellanfabriken Christian Seltmann GmbH, Weiden: Seite 2, 11, 15, 19
Tupperware Deutschland GmbH, Frankfurt am Main: Seite 65, 85, 87
Unilever Bestfoods Deutschland: Seite 23, 25, 31

017

ISBN 3-8112-2670-3

5 4 3 2 1

www.gondrom-verlag.de

Mehr Lebensqualität mit Kaffee

Für viele gehört der Genuss einer Tasse heißen, wohlschmeckenden und duftenden Kaffees zu den kleinen Freuden, die das Leben täglich bereithält. Unter den Frühstücksgetränken längst Favorit No. 1, wird der Kaffee aber auch zu jeder anderen Tageszeit gerne getrunken. Die moderne Arbeitswelt ohne die obligatorische „Kaffeepause" ist heute nahezu undenkbar.

Weltweit hält der Kaffee unter den Getränken eine Spitzenposition. Laut Statistik trinken die Deutschen drei bis vier Tassen täglich, das sind etwa 170 Liter pro Jahr, denn Kaffee ist Muntermacher, Leistungsförderer und Genussmittel in einem.

Das Aromawunder

Der Röstkaffee zählt mit seinen bis zu 0,1% flüchtigen Aromastoffen zu den aromareichsten Lebensmitteln. Durch Untersuchungen der Aromasubstanzen wurden bisher 700 flüchtige Verbindungen entdeckt – und das scheint noch lange nicht das Ende zu sein.

Wichtigster pflanzlicher Wirkstoff (Alkaloid) des Kaffees ist das Koffein, das je nach Sorte einen Anteil von 0,8 bis 2,5% ausmacht.

Koffein beginnt nach etwa 20 Minuten zu wirken. Es aktiviert das zentrale Nervensystem, regt Herztätigkeit, Stoffwechsel und Atmung an. Müdigkeit verschwindet, körperliche und geistige Leistungsfähigkeit steigern sich. Bis die Hälfte des

Koffeins wieder abgebaut ist, dauert es zwei bis zwölf Stunden.

Von der Plantage zur Rösterei

Die Kaffeepflanze (die wichtigsten Sorten sind Coffea arabica und Coffea robusta) ist ein Baum, der bis zu 18 Meter hoch wird. Für die Plantagen werden

niedrigere Formen gezüchtet und durch Beschnitt auf Strauchhöhe gehalten. Die Blätter ähneln denen des Lorbeers; sie sind spitzoval, saftig grün, ledrig und stehen sich paarweise gegenüber; in den Blattachsen sprießen weiße Blütensternchen, die stark nach Jasmin duften. Die Früchte sind anfangs grün, dann rosa und bei der Reife leuchtend rot. Sind sie überreif, nehmen sie ein dunkles Violett an. Sie sehen aus wie kleine Kirschen. Da Kaffeekirschen über einen längeren Zeitraum nachreifen, tragen die Bäume häufig gleichzeitig Blüten und Früchte. Im Fruchtfleisch sitzen zwei Samen: die Kaffeebohnen.

Das Mischen – eine Kunst

Handelsübliche Kaffees sind Mischungen, die aus sechs bis zehn Sorten Rohkaffee der verschiedensten Herkunftsländer bestehen. Die beiden verwendeten Sorten sind

- Arabica-Kaffee auch Bergkaffee oder Coffea arabica, der heute vor allem in den Tropen angebaut wird.
- Robusta: Erst vor etwa 100 Jahren begann man den im Tiefland des Kongobeckens wachsenden Kaffeebaum (C. canephora) zu kultivieren. Er ist genügsam und robust.

Ein Geschenk der Natur

Die Blätter des Kaffeebaumes ähneln denen des Lorbeers; sie sind spitzoval, saftig grün, lederig und stehen sich paarweise gegenüber; in den Blattachsen sprießen weiße Blütensternchen, die stark nach Jasmin duften. Die Früchte sind anfangs grün, dann rosa und bei der Reife leuchtend rot. Sind sie überreif, nehmen sie ein dunkles Violett an. Sie sehen aus wie kleine Kirschen. Da Kaffeekirschen über einen längeren Zeitraum nachreifen, tragen die Bäume häufig gleichzeitig Blüten und Früchte. Im Fruchtfleisch sitzen zwei Samen: die Kaffeebohnen. Für die Plantagen werden niedrigere Formen gezüchtet und durch Beschnitt auf Strauchhöhe klein gehalten.

Mühsam Pflücken per Hand

Die Ernte erfolgt nach wie vor per Hand und ist sehr arbeitsintensiv. Nur die reifen roten Früchte werden gepflückt, denn nur sie ergeben Spitzenkaffees. Da Kaffeekirschen nicht zur gleichen Zeit, sondern nach und nach reif werden, muss jede Pflanzung mehrmals abgeerntet werden. Haupterntezeit: Dezember bis März. Sofort nach der Ernte werden die Kaffeekirschen verarbeitet. Als Erstes wird das Fruchtfleisch entfernt, da es wertlos ist. Diese so genannte Aufbereitung erfolgt durch zwei unterschiedliche Verfahren: die trockene und die nasse Aufbereitung, die den höherwertigen Kaffee ergibt. Der vorsortierte Rohkaffee wird dann in Säcken in die Empfängerländer geschickt. Erst dort wird er geröstet und zum Genussmittel veredelt. Die steigende Nachfrage hat zur Entwicklung unterschiedlichster Röstverfahren geführt. Am gängigsten sind heute die Chargenröstung und die kontinuierliche Röstung.

Bei der Chargenröstung wird der Kaffee portionsweise in einer Trommel geröstet; bei der kontinuierlichen Röstung werden die Bohnen durch ein Transportsystem ununterbrochen durch die Rösttrommel geführt.

Nach der Röstung wird das Röstgut gekühlt, kontrolliert und gegebenenfalls nochmals sortiert; Mahlen und Verpacken schließen sich unmittelbar an.

Trockene Aufbereitung: Die Kaffeekirschen werden zum Trocknen ausgebreitet und ständig umgewälzt. Durch Luft und Sonne trocknet das Fruchtfleisch ein; bis es völlig eingetrocknet ist, dauert es etwa 6 bis 15 Tage. Dann werden in Schälmaschinen Fruchtfleisch und Hülsen entfernt, die Bohnen gesiebt oder verlesen.

Nasse Aufbereitung: Die frisch geernteten Kaffeekirschen werden zunächst in Wasser geschlämmt, anschließend mithilfe von Walzen vom Fruchtfleisch befreit. Um die noch anhängenden Reste und den Fruchtschleim zu entfernen, werden sie einer Fermentation unterzogen. Die gereingten Bohnen werden getrocknet und anschließend in einer Schälmaschine von ihren Hülsen befreit. Danach wird der aufbereitete Kaffee sortiert, verlesen und unter Umständen poliert.

Kaffee erobert die Welt

Viele Legenden ranken sich um die Entdeckung des Kaffees. Von seiner Heimat Äthiopien aus startete er seinen Siegeszug. Wandermönche, die das Gebräu mit seiner »eigenartigen« Wirkung als Wegzehrung mitnahmen, brachten ihn um 1450 nach Mekka, von wo aus ihn Pilger schnell in der islamischen Welt verbreiteten. Mit den Eroberungen des Sultans Selim I. im Jahre 1517 übernahmen die Türken die weitere Verbreitung des orientalischen Getränks.

Kind vieler Länder

Überall entstanden Kaffeehäuser, in denen man öffentlich seinen Kaffee genießen konnte. Das erste Kaffeehaus auf europäischem Boden wurde im Jahre 1554 in Konstantinopel, dem heutigen Istanbul, eröffnet.
Anfang des 17. Jahrhunderts brachten Reisende die ersten Kaffees mit nach Mitteleuropa. 1645 wurde in Venedig ein Kaffeehaus eröffnet; damit war der Kaffee in die Mitte Europas vorgedrungen. Ein reger Handel begann. Weitere Kaffeehäuser entstanden in Oxford, London, Marseille, Amsterdam, Den Haag und Paris. 1690 gab es in Paris bereits 250 Kaffeehäuser! Das erste Café auf deutschem Boden eröffnete 1673 in Bremen. Und als 1683 die Türken vor Wien kapitulieren mussten und den Siegern erhebliche Mengen Kaffee als Beute zufielen, schlug die Geburtsstunde des Wiener Kaffeehauses.

Treffpunkt Kaffeehaus

Das Kaffeehaus war in erster Linie Kommunikations- und Informationszentrum. Hier wurde gemeinsam Kaffee getrunken, Zeitung gelesen, Politik gemacht; es war Treffpunkt von Musikern, Literaten und Bohemiens, Schreibstube oder gar Redaktionsbüro; natürlich auch Gerüchteküche, und zeitweise genoss es einen recht zweifelhaften Ruf. Die Akzeptanz des Kaffees wuchs jedoch ständig. Heute sind ganze Ketten von coffeeshops in den Städten vertreten, und auch die italienische Espressobar erfreut sich ungebrochener Beliebtheit.

Man lädt zum Kaffee

Um das häusliche Kaffeetrinken entwickelte sich in den wohlhabenden Kreisen allmählich eine regelrechte Besuchs- und Tischkultur mit zahlreichen Ritualen. Man lädt Gäste zum offiziellen Morgenkaffee oder zur nachmittäglichen Kaffeerunde. Heute ist Kaffee aus dem Alltag nicht mehr wegzudenken.

Filterkaffee

1-8 Tassen; Arbeitszeit: etwa 5-15 Minuten

Für 1 Tasse Kaffee:
1 gehäufter EL (6-8 g) Kaffeepulver, 1 Tasse kochendes Wasser pro Tasse

Außerdem:
Eventuell 1 Messerspitze Kakao oder 1 kleine Prise Salz

Zubereitung:
1. Einen Filter auf die Kanne setzen, mit einer passenden Tüte Filterpapier auslegen. Die entsprechende Menge Wasser zum Kochen bringen.

2. Inzwischen das Kaffeepulver abmessen und mit kochendem Wasser übergießen, so dass das ganze Kaffeepulver überbrüht wird.

3. Je nach Menge noch ein- oder zweimal kochendes Wasser nachgießen.

4. Nach Geschmack können Sie vor dem Überbrühen 1 kleine Prise Salz oder eine Messerspitze Kakao zugeben. Beides verändert den Geschmack.

Unser Tipp:
Auch beim Kaffeekochen gilt: Frische Zutaten verwenden!

Mit »ausgerauchtem« Kaffeepulver und abgestandenem Wasser kann der Kaffee nicht schmecken. Am besten benutzt man frisches und möglichst kalkarmes Wasser, denn zu hartes Wasser kann nicht alle Aromastoffe aus dem Kaffee lösen. Durch die Zugabe einer Prise Salz kann das Ergebnis ein bisschen verbessert werden.

Die optimale Brühtemperatur des Wassers liegt zwischen 90 °C und 96 °C, unabhängig von der Zubereitungsmethode.

Entscheidend für den Geschmack und die Bekömmlichkeit ist neben der Sorte vor allem die Stärke des Kaffees. Sie hängt von der richtigen Dosierung ab: Im Allgemeinen nimmt man bei Röstkaffee wie oben angegeben 1 gehäuften Esslöffel (6-8 g) pro Tasse, bei Instantkaffee einen gehäuften Teelöffel (etwa 2 g).

Wichtig ist, dass das ganze Pulver beim ersten Aufgießen überbrüht wird und dass es vor dem weiteren Aufgießen nicht antrocknet. Das Pulver verdichtet sonst und das Wasser läuft kaum noch durch den Filter und in die Kanne. Bei dieser Art der Zubereitung bleibt das Pulver im Filter, nur der Kaffee gelangt in die Kanne.

Gebrühter Kaffee

1-8 Tassen; Arbeitszeit: etwa 5-15 Minuten

Pro Kanne:
Die passende Anzahl Messlöffel Kaffeepulver zur Kanne, die entsprechende Menge Wasser

Außerdem:
1 spezielle Kaffeekanne

Zubereitung:
1. Entsprechend der Größe der Kaffeekanne das Kaffeepulver abmessen und in die Kanne füllen.

2. Wasser zu Kochen bringen.

3. Das Kaffeepulver mit dem Wasser überbrühen, bis zur Fülllinie auffüllen. Den Siebeinsatz auf die Kanne setzen.

4. Etwas warten, damit sich das Aroma entwickeln kann, dann den Siebeinsatz nach unten drücken und den Kaffee ausschenken.

Unser Tipp:
Die haushaltsüblichen Kaffeemaschinen brühen automatisch in der richtigen Temperatur. Kaffee stets kühl und trocken lagern. Vakuumverpackt kann er monatelang gelagert werden. Verpackungen und Kaffeedosen müssen gut verschließbar sein, um unnötige Aromaverluste zu vermeiden. Kaffee nicht in der Nähe von stark riechenden Materialien aufbewahren – er nimmt fremden Geruch sehr schnell an.

Loses Umfüllen führt immer zu Qualitätseinbußen! Auch in Vorratsdosen wird der Kaffee besser mit der Packung aufbewahrt. Wachse, Fette und ätherische Öle aus dem Kaffeemehl, die sich an der Dose absetzen, werden mit der Zeit ranzig und beeinträchtigen den Geschmack des Kaffees. Bereits gemahlenen Kaffee erst kurz vor dem Verbrauch aus der Packung nehmen. Wenn Sie selbst mahlen, warten Sie bis unmittelbar vor dem Kaffeekochen. Nur so lassen sich unnötige Aromaverluste verhindern.

Espresso – ein echter Siegertyp

1 Tasse Espresso; Arbeitszeit: etwa 5 Minuten

Für den Espresso:
Espresso-Kaffeepulver, Wasser

Außerdem:
1 Espressomaschine oder Espressokanne

Zubereitung:
1. Wasser in die Maschine oder in den unteren Behälter der Kanne gießen. Das Espressopulver in den Siebeinsatz füllen.

2. Für die Zubereitung in der Kanne: Den oberen Kannenteil auf den unteren schrauben. Die Kanne auf den Herd stellen, die Temperatur hoch schalten. Wenn das Wasser kocht, steigt es durch das Pulver in den oberen Teil der Kanne – und fertig ist der Espresso.

3. Für die Zubereitung in einer Espressomaschine: Nach Gebrauchsanweisung.

Unser Tipp:
Espresso, der klassische italienische „caffè“ erscheint in der Tasse immer etwas dicker, konzentrierter und cremiger als andere Kaffeesorten. Für seine Zubereitung wird immer eine Espressomaschine und eine staubfein gemahlene Kaffeemischung verwendet, denn der aromatische, starke Kaffee mit dem typischen leichten Schaum (ital. crema) auf der Oberfläche entsteht nur dann, wenn das Wasser während eines kurzen Brühvorgangs mit genügend Druck (»espresso«) durch das Kaffeepulver gepresst wird.

Den besten Espresso bereiten Sie mit Pumpendruck-Maschinen (mindestens 15 bar). Je höher der Druck, um so feiner und stabiler die Crema und um so aromatischer der Espresso.

In den preiswerteren Dampfdruckmaschinen wird das Wasser mit Hilfe von Dampf durchs Kaffeepulver gepresst. Hier ist die Kraft geringer und der Espresso wirkt etwas dünner. Am günstigsten sind die einfachen Espressokannen, in denen der Muntermacher auf dem Herd gekocht wird.

Er kann es an Aroma nicht mit den in der Maschine zubereiteten großen „Brüdern“ aufnehmen, eignet sich aber bestens für die Zubereitung von Cappuccino (Seite 18, 20) oder Latte Macchiato (Seite 16).

Espresso regt auf sanftere Weise an als eine Tasse Filterkaffee. Obwohl in beiden die gleiche Menge Kaffeepulver steckt (6-8 g Espressopulver) löst das heiße Wasser während der kurzen Brühzeit nur halb so viel Koffein und Gerbsäure.

Sein typisches Aroma verdankt Espresso dem Pulver: fein gemahlen aus einer speziellen, stark gerösteten Bohnenmischung.

Latte Macchiato

1 Glas; Arbeitszeit: etwa 8 Minuten

Pro Glas:
150 ml Milch (möglichst fettarm, schäumt besser), 1 Espresso

Zubereitung:
1. Die Milch in ein Töpfchen geben, unter sanftem Schlagen erhitzen, bis sich genügend Schaum bildet. Der entstandene Milchschaum ist wunderbar fest und locker, bei richtigem Schlagen (nicht zu fest!) auch schön feinporig.

2. Diesen Schaum mit einem Schöpflöffel in ein hohes, festes Glas geben. Es darf ruhig auch flüssige heiße Milch dabei sein. Das Glas fast voll machen.

3. Eine Tasse Espresso zubereiten und vorsichtig in einem Ring ins Glas gießen.

Unser Tipp:
Nehmen Sie keinen gewöhnlichen Kaffee und auch keinen entkoffeinierten Espresso, beides ist schwerer als die Milch, so dass sich keine sauberen Schichten bilden. Bitte den Espresso immer heiß verwenden und nicht auskühlen lassen.

Wenn Sie sich nicht gleich trauen, können Sie ihn auch über die Rückseite eines Löffels eingießen, das hilft sehr. Wenn Sie sorgfältig genug vorgehen, bilden sich wunderbare Schichten.

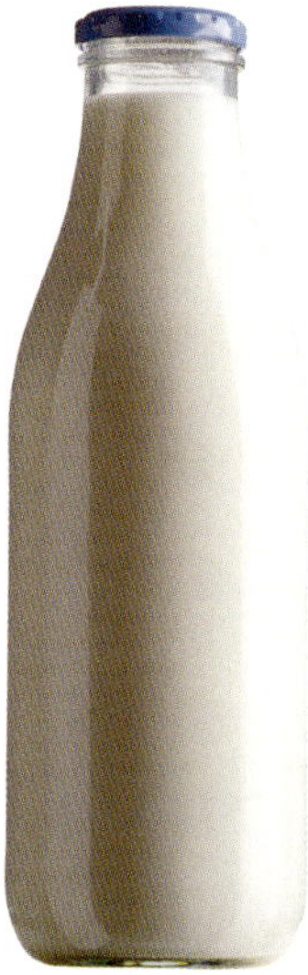

Cappuccino mit Milch

1-2 Tassen; Arbeitszeit: etwa 8 Minuten

Für 1 Tasse Cappuccino:
1 Tasse Espresso, H-Milch

Außerdem:
Zucker, Kakaopulver

Zubereitung:
1. Pro Tasse Cappuccino 1 Tasse Espresso zubereiten.

2. Die H-Milch in einen Topf gießen und erwärmen. Während des Erwärmens die Milch mit einem Schneebesen oder mit einem speziellen Milchschäumer aufschlagen, bis sich ein dicker weißer Milchschaum gebildet hat.

3. Espresso in die Cappuccinotasse gießen, etwas Milch nachgießen. Mit einem Löffel den dicken Milchschaum in die Tasse gleiten lassen.

4. Nach Belieben können Sie den Cappuccino mit etwas Kakaopulver bestreuen und mit Zucker servieren.

Unser Tipp:
Seinen Namen verdankt der Cappuccino (sprich: Kaputschino) seiner weißen Milch-Kapuze (italienisch „il cappuccio)").

Klassisch ist in Italien die Zubereitung mit der Kaffeemaschine: In einem kleinen Töpfchen wird pro Tasse Cappuccino 1 Tasse Espresso unter hohem Druck mit heißer, durch Dampf aufgeschäumter Milch gemischt.

Italiener trinken eine Tasse Cappuccino gern morgens zu Hause oder in einer Kaffee-Bar. Mit einem Hörnchen wird ein komplettes Frühstück daraus. Das Trinken von Cappuccino nach 11.00 vormittags gilt deshalb in Italien als Verstoß gegen die guten Sitten ...

Espresso
Cappuccino

Cappuccino mit Sahne

1 Tasse oder 1 Becher; Arbeitszeit: etwa 10 Minuten

Für 1 Glas Cappuccino mit Sahne (con panna)
Etwa 30 ml Schlagsahne, 1 Tasse Espresso, Wasser

Außerdem:
Nach Belieben Schokoladenraspel oder Schokoladenstreusel

Zubereitung:
1. Die Schlagsahne sehr steif schlagen und bereitstellen.

2. Pro Tasse Cappuccino mit Sahne 1 Tasse Espresso bereiten.

3. Wasser im Wasserkocher zum Sieden bringen.

4. Einen „lungo" zubereiten: Dazu den Espresso in die Cappuccinotasse oder in den Becher gießen und mit etwa derselben Menge Wasser aufgießen (verlängern).

5. 1-2 Esslöffel Sahne auf den „lungo" setzen. Den heißen Kaffee nach Wunsch mit Schokoladenraspeln bestreuen und mit Zucker servieren.

Unser Tipp:
Da Kaffee aus Italien zu einem wichtigen Bestandteil unserer Esskultur geworden ist, soll Ihnen die folgende Übersicht als Wegweiser im Dschungel des Espresso-Geheimwissens dienen.
- Espresso: Klein und schwarz
- Macchiato: Espresso mit etwas aufgeschäumter Milch
- Latte Macchiato: Aufgeschäumte Milch mit Espresso
- Corretto: Espresso mit Grappa, Weinbrand oder Likör „korrigiert"
- Ristretto: Kurzer (»eingeschränkter«) Espresso
- Doppio: Doppelter Espresso
- Lungo: Mit Wasser gestreckter Espresso
- Cappuccino: Lungo mit aufgeschäumter Milch und einem Hauch Kakao
- Caffè latte: ½ Milch, ½ Lungo
- Caffè con panna: Lungo mit Schlagsahne

Tiramisù

8 Portionen; Arbeitszeit: 25 Minuten, Kühlzeit: 3-4 Stunden

Für die Biskuits:
150 ml Espresso, 2 EL Amaretto, 200 g Löffelbiskuits

Für die Creme:
300 ml Milch, 1 Beutel Pudding Bourbon-Vanille (zum Beispiel von Mondamin), 250 g Mascarpone, 150 g Vollmilchjoghurt

Außerdem:
Kakao zum Bestäuben

Zubereitung:
1. Den Espresso zubereiten, noch heiß mit Amaretto verrühren und in eine größere Schüssel füllen. Einige Löffelbiskuits nacheinander damit tränken und in den Boden einer geeigneten Kuchenform auslegen.

2. Die Milch stark sprudelnd aufkochen, bis Milchschaum im Topf nach oben steigt. Den Topf von der Kochstelle nehmen und den Beutelinhalt Pudding unter ständigem Rühren mit einem Schneebesen zufügen. Noch 1 Minute weiterrühren, dann Mascarpone und Joghurt unterrühren.

3. Die Mascarpone-Creme und immer eine Reihe der mit Espresso-Amaretto getränkten Löffelbiskuits abwechselnd in eine eckige Auflaufform schichten. Zum Schluss mit einer Lage Creme abschließen. Das Tiramisù 3-4 Stunden kalt stellen.

4. Vor dem Servieren Tiramisù mit Kakaopulver bestäuben.

Unser Tipp:
Um Klümpchen zu vermeiden, streichen Sie das Kakaopulver mit einem Löffel oder einer Gabel durch ein Sieb.

Marzipan- und Espressomousse

8 Portionen; Arbeitszeit: etwa 15 Minuten
Kühlzeit: 1 Stunde

Für die Marzipanmousse:
150 g Marzipanrohmasse, 300 ml Milch, 2 Tropfen Bittermandelaroma, 1 Beutel Milch Mousse Weiße Schokolade (zum Beispiel von Mondamin)

Für die Espressomousse:
200 ml Milch, 1 Beutel Milch Mousse Schokolade (zum Beispiel von Mondamin), 2 EL (4 g) Espressopulver, 1 TL abgeriebene Orangenschale

Außerdem:
1-2 TL Kakao zum Bestäuben, Kapstachelbeeren (Physalis) zum Garnieren

Zubereitung:
1. Für die Marzipanmousse die Marzipanrohmasse auf einer rutschfesten Unterlage in kleine Würfel schneiden. Etwa 100 ml Milch in einen Topf gießen, das Marzipan dazugeben, die Milch erhitzen und das Marzipan darin schmelzen.

2. Den Topf vom Herd nehmen, abkühlen lassen. Den Inhalt mit kalter Milch auf 200 ml auffüllen, in ein hohes Rührgefäß geben und das Mandelaroma hinzufügen.

3. Den Beutelinhalt Milch Mousse Weiße Schokolade ebenfalls in das Rührgefäß füllen, und alles mit einem Handrührgerät (Rührbesen) zunächst auf niedriger Stufe verrühren. Dann auf höchster Stufe 3-4 Minuten aufschlagen, dabei das Gerät auf und ab bewegen, damit möglichst viel Luft in die Masse gelangt und die Mousse leicht und locker wird.

4. Für die Espressomousse 200 ml kalte Milch abmessen und in ein hohes Rührgefäß geben. Beutelinhalt Milch Mousse Schokolade, Espressopulver und Orangenschale zufügen. Mit einem Handrührgerät wie bei Punkt 2 beschrieben aufschlagen.

5. Marzipan- und Espressomousse nebeneinander in 8 Kaffeetassen verteilen. Etwa 1 Stunde kühl stellen. Die gekühlte Mousse mit Kakao leicht bestäuben und mit Kapstachelbeeren garnieren.

Unser Tipp:
Die Physalisblätter auftrennen und ganz nach hinten biegen, damit man das kräftige Orange sieht, das einen intensiven Kontrast zur Mousse bildet.

Himbeer-Kaffee-Herzen

12 Stück; Arbeitszeit: etwa 1 Stunde 20 Minuten, Backzeit: 22-25 Minuten

Für den Teig:
1/4 l Wasser, 80 g Butter, 1 Prise Salz, 200 g Mehl, 4 Eier

Für die Creme:
4 Blatt weiße Gelatine, 200 ml starker Kaffee (zum Beispiel extra starker Mövenpick Café), 100 g Mokkaschokolade, 1 Päckchen Vanillezucker, 300 g Schlagsahne

Außerdem:
400 g TK-Himbeeren, 3 EL Puderzucker zum Bestäuben

Zubereitung:
1. Wasser, Butter und Salz in einem Topf aufkochen. Das Mehl auf einmal zufügen und verrühren, bis sich ein Teigkloß und eine weiße Schicht auf dem Topfboden gebildet haben. 1 Ei sofort unterrühren.

2. Den Teig in eine Rührschüssel füllen und etwas abkühlen lassen. Nacheinander die restlichen Eier unterrühren. Den Teig in einen Spritzbeutel mit feiner Sterntülle füllen.

3. Anschließend den Backofen auf 220 °C Ober-/Unterhitze (Heißluft 200 °C / Gas Stufe 5) vorheizen. Ein Backblech mit Backpapier auslegen und 12 Herzen – etwa 10 cm groß – darauf setzen. Das Blech in den heißen Backofen schieben. 1 Tasse Wasser auf den Boden des Ofens schütten und den Ofen sofort schließen. Die Herzen etwa 22-25 Minuten backen. Herausnehmen und einmal waagrecht durchschneiden.

4. In der Zwischenzeit die Gelatine in kaltem Wasser einweichen. Den Kaffe zubereiten. Die Schokolade in Stücke schneiden, zum Kaffee geben und unter Rühren erhitzen, bis die Schokolade geschmolzen ist. Gelatine ausdrücken und in den Schokoladenkaffee geben. Im kalten Wasserbad abkühlen lassen.

5. Die Sahne steif schlagen. Sobald die Schokoladenmasse zu gelieren beginnt, die Sahne unterheben, in einen Spritzbeutel mit Lochtülle füllen und die Creme auf die Herzen auftragen. Gebäck mit den gefrorenen Himbeeren belegen und die obere Teighälfte auflegen. Mit Puderzucker bestäuben und nach etwa 30 Minuten servieren.

Espressomousse

4-6 Portionen; Arbeitszeit: 10-15 Minuten, Kühlzeit: 4 Stunden

Für die Mousse:
250 g Crème double, 75 g Puderzucker, 1 TL abgeriebene Orangenschale, 4 Blatt weiße Gelatine, 125 ml starker Espresso

Zubereitung:
1. Crème double, Puderzucker und Orangenschale cremig rühren. Gelatine einweichen, ausdrücken, in dem warmen Espresso auflösen und leicht abkühlen lassen. Espresso unter die Creme ziehen, 4 Stunden kühl stellen.

2. Zum Servieren mit zwei Esslöffeln Nocken abstechen. Dazu passen in Cassis marinierte Heidelbeeren.

Quarkmousse mit Teesauce

4-6 Portionen; Arbeitszeit: etwa 20 Minuten
Ruhe- und Kühlzeit: etwa 4 Stunden

Zutaten für 4 Portionen:
500 g Sahnequark, 100 g Puderzucker, 1 EL Zitronensaft, 6 Blatt weiße Gelatine, 250 g Schlagsahne

Für die Teesauce:
2 TL Teeblätter, 100 ml Vanillesauce (Fertigprodukt), 200 ml Schlagsahne

Zubereitung:
1. Quark, Puderzucker und Zitronensaft glatt rühren. Gelatine einweichen, ausdrücken, bei schwacher Hitze auflösen und unter die Quarkcreme rühren. Sahne steif schlagen und unterheben. Mindestens 4 Stunden kalt stellen.

2. Zum Servieren mit einem angefeuchteten Eiskugelportionierer Portionen abstechen, mit Karamelnestern und gezuckerten Rosen garnieren. Dazu passt Teesauce.

3. Für die Teesauce die Teeblätter mit 600 ml kochendem Wasser aufbrühen und 5 Minuten ziehen lassen. Durch ein Sieb oder Tuch gießen, dabei die Teeblätter auspressen. Tee abkühlen lassen, dann mit Vanillesauce verrühren. Sahne mit Zucker steif schlagen und unterziehen.

Cappuccinowaffeln mit Walnusseis

5-6 Waffeln; Arbeitszeit: etwa 25 Minuten, Ruhezeit: 2-3 Minuten

Für die Waffeln:
5 gehäufte TL Cappuccinopulver (Fertigprodukt), 1 Flasche Waffel Teig-Mix (zum Beispiel von Mondamin), etwa 330 ml Milch

Außerdem:
Margarine für das Waffeleisen, 1 Packung Walnusseis, Krokant zum Bestreuen

Zubereitung:
1. Das Cappuccinopulver in die Flasche zum Waffel Teig-Mix geben. Die Flasche wieder verschließen und kopfüber schütteln, um den Mix für den Waffelteig vollständig vom Boden zu lösen und mit dem Cappuccinopulver zu mischen.

2. Die Milch bis zur Markierung in die Flasche gießen, fest zudrehen und kopfüber ca. 1 Minute kräftig schütteln. Den fertigen Teig 2-3 Minuten stehen lassen.

3. Den Teig nochmals kurz schütteln und portionsweise in ein vorgeheiztes, gut gefettetes Waffeleisen geben. Nacheinander goldgelbe Waffeln backen und auf einem Kuchengitter auskühlen lassen.

4. Die Waffeln auf Teller geben und mit Walnusseis und Krokant bestreut servieren.

Unser Tipp:
Sie können Waffelteig auch selbst machen. Dazu brauchen Sie 125 g Butter, 125 g Zucker, 2 Eier, 50 g Mandeln und 250 g Mehl: Butter mit dem Zucker schaumig rühren und die Eier langsam zugeben. Die fein gemahlenen Nüsse, das Espresso-Pulver und das Mehl gut unterkneten. Etwa einen Esslöffel Teig pro Waffel im vorgeheizten Eisen goldgelb backen.

Kaffeecreme

6 Portionen; Arbeitszeit: etwa 25 Minuten
Kühlzeit: mindestens 4 Stunden

Für die Creme:
6 Blatt weiße Gelatine, 500 ml Milch, 3 Eier, 125 g Zucker, 60 ml Kaffee-Sahne-Likör, 200 g Schlagsahne

Zubereitung:
1. Gelatine in reichlich kaltem Wasser einweichen.

2. Milch, Eier und Zucker in einem großen Kochtopf verrühren und bei mittlerer Hitze unter ständigem Rühren erwärmen, bis eine dickflüssige, schaumige Masse entsteht (sie darf nicht kochen).

3. Vom Herd nehmen und die ausgedrückte Gelatine darin unter Rühren auflösen. Likör unterrühren und die Creme kalt stellen.

4. Wenn die Creme zu gelieren beginnt, die Sahne steif schlagen und unterziehen. Anschließend die Kaffeecreme in Portionsschälchen füllen und mindestens 4 Stunden, besser über Nacht, im Kühlschrank fest werden lassen.

4. Mit Schoko- oder Kaffeekeksen garniert servieren.

Ingwercreme

4 Portionen; Arbeitszeit: 20 Minuten
Backzeit: 20-30 Minuten

Für die Creme:
50 g kandierter Ingwer, 300 ml Milch, 200 g Schlagsahne, 6 Eigelbe, 60 g Zucker, 1 Päckchen Vanillezucker, 2 TL gemahlener Ingwer, 1 TL abgeriebene Zitronenschale

Zubereitung:
1. Ingwer fein würfeln und eine Hälfte auf kleine Förmchen verteilen.

2. Den Backofen auf 150-160 °C Ober-/Unterhitze (Heißluft 135-140 °C / Gas Stufe 4) vorheizen. Milch, Sahne, Eigelbe, Zucker, Vanillezucker, gemahlenen Ingwer und die Zitronenschale verquirlen, in die Förmchen füllen und im heißen Backofen im heißen Wasserbad etwa 20-30 Minuten stocken lassen. Mit den restlichen Ingwerwürfeln bestreuen und warm oder kalt servieren.

Espressotörtchen

12 Törtchen; Arbeitszeit: etwa 40 Minuten
Backzeit: gesamt etwa 25 Minuten, Ruhezeit: 1 Stunde

Für den Teig:
250 g Mehl, 40 g Speisestärke, 50 g Puderzucker, 25 g Butter, 2 Eigelbe, 20 g Butter zum Ausfetten

Für die Füllung:
190 g Butter, 100 g brauner Zucker, 6 EL Schlagsahne, 4 EL Mehl, 3 TL Espressopulver, 3 EL Kaffeelikör, 1 TL gehackte Mandeln

Für den Obstsalat:
2 Äpfel, 1-2 Pflaumen, 150 g Johannisbeeren, 150 g Erdbeeren, Saft einer Zitrone, 1-2 EL Orangenlikör

Für die Sahne:
250 ml süße Sahne, 1 TL Zucker, 4 cl Amaretto

Außerdem:
12 Tortelette-Förmchen

Zubereitung:
1. Mehl, Speisestärke, Puderzucker, Butter, Eigelbe und 2-3 EL kaltes Wasser verkneten. Eine Stunde kühl stellen. Teig auf Mehl ausrollen.

2. Anschließend den Backofen auf etwa 170 °C Ober-/Unterhitze (Umluft: 155 °C / Gas Stufe 2-3) vorheizen. Die Tortelette-Förmchen mit Butter ausfetten und mit dem Teig auskleiden. Mehrmals mit einer Gabel einstechen. Im heißen Ofen etwa 10-15 Minuten vorbacken.

3. Butter und Zucker in einer Pfanne schmelzen und unter Rühren köcheln lassen. Sahne und Mehl mit einem Schneebesen in einer Schüssel verrühren, unter die Butter-Zucker-Mischung geben und 3 Minuten köcheln lassen. Pfanne vom Herd nehmen und das in 6 EL Wasser aufgelöste Espressopulver sowie den Kaffeelikör zugeben.

4. Die Masse auf die vorgebackenen Törtchen verteilen, mit gehackten Mandeln bestreuen. Weitere 5-10 Minuten bei 160-180 °C backen. Die Törtchen vor dem Servieren abkühlen lassen.

5. Das Obst waschen. Äpfel schälen, vierteln, entkernen und in Scheiben schneiden. Pflaumen entkernen, vierteln, ebenfalls in Scheiben schneiden. Johannisbeeren vom Strunk entfernen. Schließlich auch die Erdbeeren klein schneiden. Mit Zitronensaft und Orangenlikör beträufeln. Die Sahne mit Zucker steif schlagen. Amaretto mit Schneebesen unterrühren und abschmecken. Die Espresso-Törtchen mit dem Obstsalat und der Sahne servieren.

Unser Tipp:
Für den Obstsalat können auch Obstsorten der Saison wie Birnen, Stachelbeeren, Himbeeren und Mirabellen verwendet werden.

Selbst gemachtes Marzipan

Etwa 500 g Marzipan
Arbeitszeit: etwa 20 Minuten

Für das Marzipan:
500 g Mandeln, 500 g Puderzucker, etwa 3 EL Rosenwasser (aus der Apotheke), einige Tropfen Bittermandelaroma

Zubereitung:
1. Mandeln mit kochendem Wasser übergießen, etwas quellen lassen, dann abgießen und auf einem frischen Küchentuch häuten. Die Mandeln gut trocknen lassen. Anschließend portionsweise in der Küchenmaschine kurz fein mahlen.

2. Das Mandelmehl mit gesiebtem Puderzucker, Rosenwasser und Aroma mischen und erneut portionsweise in der Küchenmaschine mahlen, bis die Masse bindet. Bis zur Verwendung luftdicht verpackt aufbewahren.

Unser Tipp:
In älteren Rezepten zur Marzipanherstellung werden oft einige echte Bittermandeln für ein intensiveres Aroma zugefügt. Da diese jedoch auch in kleinen Mengen sehr giftig sind, empfehlen wir für den Hausgebrauch das ebenso intensive, aber ungefährliche Bittermandelaroma.

Zimt-Marzipan-Kartoffeln

Etwa 30 Stück; Arbeitszeit: etwa 10 Minuten

Für die Marzipan-Kartoffeln:
200 g Marzipanrohmasse, 2 EL Kirschwasser, 100 g Puderzucker, Zimt zum Wälzen

Zubereitung:
1. Die Marzipanrohmasse mit Kirschwasser und gesiebtem Puderzucker in einer Schüssel gut miteinander verkneten.

2. Aus der Marzipanmasse kleine „Kartoffeln“ formen und in einem Suppenteller in Zimtpulver wälzen, bis die Kugeln rundum bedeckt sind.

Mandel-Pistazien-Trüffel

Etwa 30 Stück; Arbeitszeit: etwa 40 Minuten
Kühlzeit: mehrere Stunden

Für die Trüffelmasse:
150 g weiße Kuvertüre (zum Beispiel von Schwartau), 50 ml süße Sahne, 35 g Butter, 15 g Kokosfett, 100 g gemahlene Mandeln (zum Beispiel Schwartau Süße Mandeln gemahlen)

Außerdem:
1 Beutel gehackte Pistazien

Zubereitung:
1. Die weiße Kuvertüre in Stücke schneiden und im Wasserbad (oder in der Mikrowelle 3 Minuten bei 360 Watt) schmelzen.

2. Die Sahne erhitzen – aber nicht kochen! Butter und Kokosfett darin auflösen. Geschmolzene Kuvertüre und Mandeln dazugeben. Alles gut durchrühren und einige Stunden kühl stellen.

3. Aus der Masse etwa walnussgroße Kugeln formen und in den fein gehackten Pistazien wälzen.

Mozart-Trüffel

Etwa 30 Stück; Arbeitszeit: etwa 40 Minuten, Kühlzeit: mehrere Stunden

Für die Trüffelmasse:
150 g Vollmilchkuvertüre (zum Beispiel von Schwartau), 50 ml süße Sahne, 30 g Butter, 20 g Kokosfett, 100 g gemahlene Mandeln (zum Beispiel Schwartau Süße Mandeln gemahlen)

Außerdem:
25 g Kakaopulver

Zubereitung:

1. Vollmilchkuvertüre in Stücke schneiden und im Wasserbad (oder in der Mikrowelle 3 Minuten bei 360 Watt) schmelzen.

2. Die Sahne erhitzen – aber nicht kochen! Butter und Kokosfett darin auflösen. Geschmolzene Kuvertüre und Mandeln dazugeben. Alles gut durchrühren und einige Stunden kühl stellen.

3. Aus der Trüffel-Masse mit angefeuchteten Händen etwa walnussgroße Kugeln formen und im gesiebtem Kakaopulver rundum wälzen.

Aprikosen-Kokos-Kugeln

Etwa 25 Stück; Arbeitszeit: etwa 20 Minuten
Ruhezeit: etwa 30 Minuten, Kühlzeit: am besten über Nacht

Für die Kokospralinen:
150 g getrocknete Aprikosen, 150 g Kokosraspel, 50 g Puderzucker, 2-4 EL Aprikosengeist oder -likör, Kokosraspel zum Wälzen

Zubereitung:
1. Die Aprikosen im Mixer zerkleinern oder mit dem Messer ganz fein hacken. In eine Schüssel geben. Kokosraspel, Puderzucker und Aprikosengeist dazugeben, gut untermischen, bis die Masse bindet. Die Schüssel abdecken und etwa 30 Minuten kühl stellen.

2. Die Kokosraspel in einen flachen Teller füllen. Ein Plastikbrett bereitstellen. Aus der Aprikosenmasse kleine runde Kugeln von etwa 2 cm Durchmesser formen. Jede Kugel in den Kokosraspeln wälzen, diese dabei gut andrücken und die fertigen Kugeln nacheinander auf das Brett setzen. Das Brett anschließend kühl stellen.

Crèmehütchen

20-30 Stück; Arbeitszeit: etwa 20 Minuten, Kühlzeit: 4 Stunden

Für die Crèmehütchen:
200 g Zartbitterschokolade, 100 g Schlagsahne, 1/2 TL lösliches Kaffeepulver, 1 EL Puderzucker, Schoko-Mokkabohnen zum Garnieren

Zubereitung:
1. Die Schokolade fein hacken und in eine feuerfeste Schüssel geben.

2. Die Sahne aufkochen, über die Schokolade gießen und diese darin unter Rühren schmelzen. Kaffee und Puderzucker unterrühren und die Masse 4 Stunden kühl stellen. Dann die Crème kurz aufschlagen und in einen Spritzbeutel mit kleiner Lochtülle füllen.

3. Kleine Trüffel in Pralinenförmchen spritzen und mit Mokkabohnen verzieren; am besten über Nacht kühl stellen.

Zwetschgenwasser-Kugeln

Etwa 40 Stück; Arbeitszeit: etwa 35 Minuten
Ruhezeit: über Nacht

Für die Pralinenmasse:
125 g Trockenpflaumen (ohne Stein), Zwetschgenwasser zum Einlegen, 100 g Butter, 100 g Puderzucker, 1 Päckchen Vanillezucker, 300 g Blockschokolade, 3 EL Zwetschgenwasser

Außerdem:
Geriebene Vollmilchschokolade zum Wälzen

Zubereitung:
1. Die Trockenpflaumen über Nacht in Zwetschgenwasser einlegen. Butter, Puder- und Vanillezucker cremig rühren.

2. Die Blockschokolade sehr fein reiben und mit Zwetschgenwasser unterrühren. Die eingelegten Pflaumen fein hacken und unterheben. Die Masse im Kühlschrank fest werden lassen. Kleine Kugeln formen und in geriebener Schokolade wälzen. Kalt stellen.

Himbeer-Nocken

25-30 Stück; Arbeitszeit: etwa 35 Minuten
Kühlzeit: 2-3 Stunden Ruhezeit: über Nacht

Zutaten:
200 g TK-Himbeeren, 2 EL Himbeergeist, 4 Blatt rote Gelatine, 360 g weiße Kuvertüre, 60 g Butter, 60 g Puderzucker, 250 g Vollmilchkuvertüre

Zubereitung:
1. Die Himbeeren auftauen lassen, fein zerdrücken und durch ein Sieb streichen. Den Himbeergeist unterrühren.

2. Die Gelatine in kaltem Wasser einweichen. Die weiße Kuvertüre hacken und über dem heißen Wasserbad schmelzen. Butter und Puderzucker cremig rühren, lauwarme weiße Kuvertüre löffelweise unterrühren.

3. Die Gelatine ausdrücken, bei schwacher Hitze auflösen und unter die Himbeeren ziehen. Wenn die Himbeeren zu gelieren beginnen, unter die Schokomasse rühren und 2-3 Stunden kalt stellen.

4. Von der Masse mit einem Teelöffel kleine Trüffel abstechen, auf Backpapier setzen und über Nacht kühl stellen.

5. Die Vollmilchkuvertüre hacken und über dem heißen Wasserbad schmelzen. Die Himbeer-Nocken halb in die lauwarme Kuvertüre tauchen, auf Backpapier setzen und fest werden lassen. Mit Kuvertüreresten feine Muster darauf spritzen.

Orangenlikör-Plätzchen

Etwa 40 Stück; Arbeitszeit: etwa 40 Minuten
Kühlzeit: 3-4 Stunden, Backzeit: 12-15 Minuten

Für die Plätzchen:
150 g Zucker, 1 Päckchen Vanillezucker, 1 Prise Salz, 200 g Butter, 2 Eier, 1 Orange, 1 EL Orangenlikör, 375 g Mehl, 125 g gemahlene Mandeln

Außerdem:
4-6 EL Orangenlikör zum Bestreichen
Puderzucker zum Bestäuben

Zubereitung:
1. Zucker, Vanillezucker, Salz und weiche Butter cremig rühren. Eier, abgeriebene Orangenschale und Orangenlikör zufügen.

2. Mehl und Mandeln mischen und unterkneten. Aus dem Teig etwa 4 cm dicke Rollen formen und in Folie gewickelt 2-3 Stunden kühl stellen.

3. Die Rollen anschließend in 1,5 cm dicke Scheiben schneiden und diese auf ein mit Backpapier belegtes Blech legen. Im vorgeheizten Backofen bei 160/180 °C (Umluft/E-Herd) 12-15 Minuten backen.

4. Die noch warmen Plätzchen mit Orangenlikör bestreichen und dick mit Puderzucker bestäuben.

Joghurt-Cookies

50-60 Stück; Arbeitszeit: etwa 25 Minuten, Backzeit: 10-12 Minuten

Zutaten:
150 g Butter, 300 g Zucker, 2 Eier, 1 Orange, 3 EL Naturjoghurt, 280 g Mehl, 70 g Speisestärke, 1 TL Backpulver

Zubereitung:
1. Butter, Zucker und Eier in einer Rührschüssel schaumig schlagen. Abgeriebene Orangenschale, 1 Esslöffel Orangensaft und Joghurt zufügen. Mehl, Stärke und Backpulver mischen und unterrühren.

2. Mit zwei Teelöffeln kleine Häufchen mit ausreichend Abstand auf ein mit Backpapier belegtes Blech setzen und glatt streichen.

3. Im vorgeheizten Backofen bei 160/180 °C (Umluft/E-Herd) 10-12 Minuten backen. Cookies einige Minuten auf dem Blech abkühlen lassen.

Frittierte Taler

15-20 Stück; Arbeitszeit: etwa 25 Minuten, Kühlzeit: 1 Stunde
Garzeit: etwa 20 Minuten

Für die Plätzchen:
4 Eigelbe, 5 EL Crème fraîche, 60 g Zucker, 1 Päckchen Vanillezucker, 1 Prise Salz, 250 g Mehl

Außerdem:
Pflanzenfett zum Frittieren, Puderzucker zum Bestäuben

Zubereitung:
1. Eigelbe, Crème fraîche, Zucker, Vanillezucker und Salz schaumig rühren. Das Mehl unterkneten und den Teig in Folie gewickelt etwa 1 Stunde kühl stellen.

2. Den Teig auf wenig Mehl dünn ausrollen und runde Taler von 8 cm Durchmesser ausstechen. In heißem Fett schwimmend goldbraun backen, abtropfen lassen und die Taler noch warm mit Puderzucker bestäuben.

Gefüllte Butterplätzchen

Etwa 15 Stück; Arbeitszeit: 20 Minuten, Backzeit: 10-15 Minuten

Für die Plätzchen:
130 g Butter, 130 g Zucker, 1 Päckchen Vanillezucker, 1 Ei, 340 g Mehl, $^{1}/_{2}$ TL Backpulver

Für die Füllung:
90 g Butter, 150 g Puderzucker, 1 Päckchen Vanillezucker, 1 EL Vanillelikör

Zubereitung:

1. Butter, Zucker, Vanillezucker und Ei schaumig rühren. Mehl und Backpulver mischen und unterrühren. Kleine Bällchen formen und auf ein gefettetes Blech setzen, mit einer Gabel leicht flach drücken. Im vorgeheizten Backofen bei 180 °C Ober-/Unterhitze (Umluft 160 °C / Gas Stufe 3) 10-15 Minuten backen.

2. Für die Füllung Butter, Puderzucker, Vanillezucker und Likör schaumig rühren. Nach dem Abkühlen jeweils 2 Plätzchen damit zusammensetzen.

Safran-Rondos mit Pistazien

Etwa 30 Stück; Arbeitszeit: 50 Minuten
Ruhezeit: etwa 30 Minuten, Backzeit: etwa 10 Minuten

Für die Plätzchen:
2 EL Orangensaft, 1/2 Döschen Safranpulver, 200 g Mehl (zum Beispiel Aurora Sonnenstern-Mehl, Type 405, oder Aurora Urkraft des Keimes), 1 TL Backpulver, 100 g Zucker, 1 Eigelb, 100 g kalte Butter

Für die Dekoration:
125 g Nussnougat, 125 g Puderzucker, 1 Eiweiß,
1/2 Döschen Safranpulver, 2-3 EL gehackte Pistazien

Zubereitung:
1. Für den Teig den Orangensaft erhitzen und den Safran einrühren, auskühlen lassen.

2. Das Mehl und das Backpulver vermischen, beides in eine Schüssel sieben. Das Eigelb, die Butter in Flöckchen und den Orangensaft dazugeben und alles rasch zu einem Teig verkneten. Den Teig zu einer Kugel formen, in Folie wickeln und 30 Minuten in den Kühlschrank legen.

3. Den Teig auf einer leicht bemehlten Arbeitsfläche dünn ausrollen. Den Backofen vorheizen. Mit einem runden Ausstecher (etwa 5 cm Durchmesser) Kreise aus dem Teig ausstechen. Aus der Hälfte der Kreise mit einem kleineren Ausstecher (etwa 2 cm Durchmesser) Löcher ausstechen. Alle Teigkreise auf ein gefettetes Backblech legen und im vorgeheizten Backofen bei 200 °C etwa 10 Minuten goldgelb backen. Auf einem Kuchengitter auskühlen lassen.

4. Für die Dekoration den Nougat in einen kleinen Topf geben und bei geringer Hitze schmelzen. Alle Plätzchen ohne Loch mit dem Nougat bestreichen, die anderen darauf setzen.

5. Den Puderzucker mit Eiweiß und Safran verrühren und die Plätzchen damit bestreichen. Zum Schluss die Pistazien darauf streuen.

Zitronen-Kokos-Kekse

Etwa 60 Stück; Arbeitszeit: etwa 30 Minuten
Kühlzeit: am besten über Nacht, Backzeit: 8-10 Minuten

Für die Kekse:
200 g Zucker, 1 Prise Salz, 2 Zitronen, 150 g Butter, 2 Eier, 325 g Mehl, 1 TL Backpulver, 75 g Kokosraspel

Außerdem:
5-6 EL Kokosraspel zum Bestreuen

Zubereitung:
1. Zucker, Salz, abgeriebene Zitronenschale und weiche Butter cremig rühren. Eier unterrühren. Mehl, Backpulver und Kokosraspel unterkneten. Eine Rolle von etwa 5 cm Durchmesser formen. In Folie gewickelt einige Stunden (oder über Nacht) kühl stellen.

2. Anschließend die Rolle in dünne Scheiben schneiden und diese auf ein mit Backpapier belegtes Blech legen. Mit Wasser bepinseln und mit Kokosraspel bestreuen. Im vorgeheizten Backofen bei 180 °C Ober-/Unterhitze (Umluft 160 °C / Gas Stufe 3) 8-10 Minuten backen.

Honig-Gewürz-Brownies

Etwa 40 Stück; Arbeitszeit: etwa 35 Minuten, Kühlzeit: etwa 20 Minuten
Backzeit: 30-40 Minuten

Für die Brownies:
150 g Honig, 200 g brauner Zucker, 125 g Butter, 1 Päckchen Lebkuchengewürz, 1 Messerspitze geriebene Muskatnuss, 125 g gemahlene Mandeln, 100 g Orangeat, 500 g Mehl, 50 g Kakao, 1 Päckchen Backpulver, 3 Eier, 3 EL Orangenlikör

Für den Guss:
150 g Puderzucker, 3 EL Orangensaft, kandierte Orangenstückchen

Zubereitung:
1. Honig, Zucker und Butter erwärmen, bis sich der Zucker auflöst. Gewürze, Mandeln, Orangeat und 3 Esslöffel Wasser zufügen und die Masse abkühlen lassen.

2. Mehl, Kakao und Backpulver in eine Schüssel sieben und mit dem Honiggemisch, Eiern und Orangenlikör verrühren.

3. Den Teig auf ein gefettetes Blech streichen. Im vorgeheizten Backofen bei 180 °C Ober-/Unterhitze (Umluft 160 °C / Gas Stufe 3) 30-40 Minuten backen.

4. Puderzucker sieben und mit dem Orangensaft glatt rühren. Den noch warmen Kuchen damit überziehen und mit kandierter Orange verzieren. Abkühlen lassen, dann erst in 6 x 6 cm große Würfel schneiden.

Buttermilchbrioches

Etwa 10 Stück; Arbeitszeit: etwa 30 Minuten
Ruhezeit: etwa 2 Stunden, Backzeit: etwa 15 Minuten

Für die Brioches:
350 g Mehl Type 405 (zum Beispiel Aurora Sonnenstern oder Aurora Urkraft des Keimes), $^1/_2$ Würfel Hefe (21 g), 80 g Zucker, etwa 100 ml lauwarme Buttermilch, 2-3 EL Rum, 50 g Rosinen, 2 Eier, 100 g weiche Butter, 2 Prisen Salz, 1 Eigelb

Zubereitung:
1. Das Mehl in eine Schüssel geben und in die Mitte eine Mulde drücken. Die Hefe zerbröckeln, mit 1 EL Zucker und der Buttermilch verrühren und in die Mulde geben. Den Vorteig mit etwas Mehl überstäuben, abdecken und an einem warmen Ort 15 Minuten gehen lassen.

2. Den Rum erhitzen, die Rosinen dazugeben und abgedeckt ziehen lassen, bis sie benötigt werden.

3. Den Vorteig mit Eiern, Butter, übrigem Zucker und Salz zu einem elastischen Teig verkneten. Abdecken und 30 Minuten gehen lassen.

4. Anschließend die Rosinen in einem Sieb abtropfen lassen, mit etwas Mehl bestäuben und unter den Teig arbeiten. Abdecken und nochmals 30 Minuten gehen lassen.

5. Den Teig erneut kräftig durchkneten und weitere 30 Minuten abgedeckt im Warmen gehen lassen.

6. Den Teig in 10 Stücke teilen. Von jedem Stück ein Viertel abnehmen und jeweils eine große und eine kleine Kugel daraus formen. Zuerst die großen Teigkugeln in kleine gefettete Brioche-Förmchen (etwa 100 ml Inhalt) geben, dann die kleinen Teigkugeln darauf setzen. Den Teig in der Form 15 Minuten gehen lassen.

7. Die Brioches mit dem Eigelb bestreichen. Auf der 2. Schiene von oben in dem auf 220 °C vorgeheizten Backofen schieben, ein feuerfestes Schäl-

chen mit Wasser auf den Ofenboden stellen und die Ofentüre sofort schließen. Den Backofen auf 180 °C herunterschalten, die Brioches etwa 15 Minuten backen. Auf einem Kuchengitter auskühlen lassen.

Auszog'ne

Etwa 12 Stück; Arbeitszeit: etwa 30 Minuten,
Ruhezeit: etwa 30 Minuten

Für den Teig:
500 g Aurora Feine Mühle Hefegebäck- und Strudelmehl, 20 g frische Hefe, 2 EL Zucker, 300 ml lauwarme Milch, 1 Prise Salz, 1 Ei, 50 g Butter

Außerdem:
25 g zerlassene Butter, 750 g Butterschmalz, Zucker nach Belieben

Zubereitung:
1. Das Mehl für den Teig in eine Schüssel geben, eine Mulde hineindrücken und die Hefe hinein bröckeln. Mit 1 TL Zucker, 3-4 EL Milch und etwas Mehl vom Rand verrühren. 15 Minuten abgedeckt an einem warmen Ort gehen lassen.

2. Mit den restlichen Zutaten zu einem glatten Teig verkneten. Vom Teig mit zwei Esslöffeln 12 Portionen abstechen, dabei die Löffel immer wieder in Mehl tauchen. Die Teigportionen mit bemehlten Händen zu Kugeln formen, auf die bemehlte Arbeitsfläche legen, mit der zerlassenen Butter bestreichen und zugedeckt 15 Minuten ruhen lassen.

3. Das Fett zum Frittieren auf 180 °C erhitzen. Die Fingerspitzen mit etwas Butter einfetten. Jede Teigkugel mit beiden Händen fassen, in der Mitte eindrücken und am Rand rundherum auseinander ziehen.

4. Auszogne einzeln nacheinander backen. Dabei vorsichtig einzeln in das heiße Fett gleiten lassen. Mit einer Schöpfkelle 1-2-mal heißes Fett über die Nudeln gießen, damit sich der Teig aufbläht und das „Fenster" Blasen wirft.

5. Das Gebäck mit zwei Esslöffeln wenden und backen, bis der Teigrand hellbraun ist. Das Gebäck auf Küchenkrepp abtropfen lassen.

Unser Tipp:
Mit Zucker bestreut noch warm zu einer Tasse heißem Kaffee servieren.

Birnenkrapfen

Etwa 40 Stück; Arbeitszeit: etwa 30 Minuten, Ruhezeit: 1 Stunde

Für die Krapfen:
500 g Mehl, 1 Würfel frische Hefe (42 g), 50 g Zucker, 150 ml Milch, 75 g Butter, 1 Prise Salz, 2 Eier, 1 Orange, 3-4 feste Birnen

Außerdem:
Pflanzenfett zum Frittieren, Puderzucker und Zimt zum Bestäuben

Zubereitung:
1. Mehl in eine Schüssel geben, in die Mitte eine Mulde drücken und die Hefe hineinbröckeln. 1 TL Zucker darüber streuen und mit lauwarmer Milch verrühren und gehen lassen, bis sich der Teig verdoppelt hat.

2. Die Butter zerlassen, restlichen Zucker, Salz, Eier und Orangenschale zufügen und alles mit dem Vorteig zu einem Teig verarbeiten.

3. Birnen schälen, entkernen, fein würfeln und unter den Teig heben. Nochmals 20-30 Minuten gehen lassen. Dann mit 2 Esslöffeln Krapfen abstechen und in Fett ausbacken, noch warm mit Zimt-Zucker bestäuben.

Rumtopfmuffins

6-8 Stück; Arbeitszeit: etwa 20 Minuten, Backzeit: 20-25 Minuten

Für die Muffins:
60 g Butter, 50 g Zucker, 1 Päckchen Vanillezucker, 1 Ei, 50 g Speisestärke, 70 g Mehl, 1/2 TL Backpulver, 125 g Rumtopffrüchte, 50 g Quittengelee zum Bestreichen, Papier-Backförmchen

Zubereitung:

1. Butter, Zucker, Vanillezucker und Ei schaumig rühren. Stärke, Mehl und Backpulver mischen und nach und nach zugeben.

2. Die gut abgetropften Rumtopffrüchte klein schneiden und unter den Teig heben. Papier-Backförmchen zu $^2/_3$ mit dem Teig füllen, auf ein Blech setzen. Im vorgeheizten Backofen bei 160/180 °C (Umluft/E-Herd) 20-25 Minuten backen. Das Quittengelee unter Rühren erwärmen und die leicht abgekühlten Muffins damit bestreichen.

Mandelküchlein mit Früchten

6 kleine Napfküchlein; Arbeitszeit: 20 Minuten
Ruhezeit: etwa 1 Stunde, Backzeit: 20-25 Minuten

Für die Küchlein:
150 g Butter (weich), 400 g Mehl, 1/4 l Milch, 1 Päckchen frische Hefe (40 g), 50 g Zucker, 2 Päckchen Vanillezucker, 1 Prise Salz, 100 g gemahlene Mandeln, 5 Eier, Butter zum Fetten der Förmchen und Mehl

Außerdem:
100 ml Orangenlikör, 200 g Aprikosenkonfitüre, 1 EL Zucker, 40 g blättrige Mandeln, 500 g gemischte Früchte

Zubereitung:
1. Mehl in eine Schüssel geben. In die Mitte eine Mulde drücken. Die Milch lauwarm erhitzen. Die Hefe hineinbröckeln und mit 1 TL Zucker verrühren. Die Hefemilch in die Mulde gießen und mit etwas Mehl zu einem Vorteig anrühren. 15 Minuten an einem warmen Ort mit einem Geschirrhandtuch abgedeckt gehen lassen.

2. Den restlichen Zucker, Vanillezucker, Salz, Mandeln, Eier und Butter zugeben und alles mit den Knethaken des Handmixers zu einem glatten Teig verarbeiten. Mit etwas Mehl bestreuen und erneut zugedeckt etwa 40 Minuten gehen lassen.

3. Den Teig kurz durcharbeiten und in ausgebutterte Napfkuchenförmchen (12 cm Durchmesser) füllen. Im vorgeheizten Backofen bei 180-200 °C Ober-/Unterhitze (Umluft 180 °C / Gas Stufe 2-3) 20-25 Minuten backen.

4. 100 ml Wasser und Orangenlikör erhitzen, den Teig damit tränken und auskühlen lassen.

5. Die Aprikosenkonfitüre mit 2 EL Wasser und Zucker aufkochen und die Küchlein damit einpinseln. Die Mandeln in einer Pfanne anrösten und die Küchlein damit bestreuen. Die Früchte je nach Sorte säubern, bzw. schälen, zerkleinern und die Küchlein damit füllen.

Holsteiner Apfelkuchen

Etwa 16 Stücke; Arbeitszeit: etwa 45 Minuten
Kühlzeit: 30 Minuten, Backzeit: 50 Minuten

Für den Teig:
175 g Butter, 125 g Haferflocken (zum Beispiel Blütenzarte Köllnflocken), 150 g Weizenmehl (Type 550), 80 g Zucker, 1/2 TL Jodsalz, 40 g Mandeln (gemahlen), 6 Äpfel, 5 EL Aprikosenkonfitüre oder Zitronengelee, 2 EL Puderzucker

Außerdem:
1 Springform (26 cm Ø), etwas Butter und 2 EL Haferflocken (zum Beispiel Blütenzarte Köllnflocken) für die Form

Zubereitung:
1. Die Butter ins unterste Fach des Kühlschranks (nicht ins Gemüsefach) stellen. Dort ist es am kühlsten.

2. In der Zwischenzeit die Haferflocken, das Mehl und den Zucker abwiegen oder abmessen und in eine Rührschüssel oder auf eine Arbeitsfläche geben. Salz und die gemahlenen Mandeln dazugeben. Von der Butter mit einem Kaffeelöffel kleinere Flöckchen abstechen, zu den trockenen Zutaten geben und alles rasch zu einem glatten Teig verkneten.

3. Den Teig mit Folie bedecken und für etwa 30 Minuten kühl stellen.

4. Die Springform gut ausbuttern und mit Haferflocken ausstreuen.

5. Den Teig – am besten zwischen 2 Folien – ausrollen und die Springform auskleiden, dabei einen etwa 2 cm hohen Rand formen. Anschließend den Backofen auf 190 °C Ober-/Unterhitze (Umluft 170 °C / Gas Stufe 3) vorheizen.

6. Die Äpfel waschen, vierteln, entkernen und in dünne Spalten schneiden. Auf dem Teig verteilen und den Kuchen im heißen Ofen backen.

7. Inzwischen die Marmelade mit 2 Esslöffeln Wasser unter Rühren erhitzen und den fertigen Kuchen damit bepinseln. Mit Puderzucker bestäubt servieren.

Unser Tipp:
Am besten eigenen sich fein-säuerliche Äpfel wie Boskop oder Cox Orange.

Torte nach Linzer Art

12 Stücke; Arbeitszeit: etwa 40 Minuten
Backzeit: 35 Minuten

Für den Teig:
100 g Haferflocken (zum Beispiel Blütenzarte Köllnflocken), 125 g Butter oder Margarine, 125 g geriebene Haselnüsse, 175 g Zucker, 200 g Weizenmehl (Type 405), 2 Eier, Jodsalz, 1 TL Zimt, 1 Messerspitze gemahlene Nelken, abgeriebene Zitronenschale (unbehandelt)

Außerdem:
$^{1}/_{2}$ Glas Himbeermarmelade, 1 Eigelb, Puderzucker zum Bestäuben

Zubereitung:
1. Die Haferflocken in einer Pfanne mit 1 EL Butter oder Margarine goldgelb rösten, in eine Rührschüssel füllen und abkühlen lassen.

2. Die Butter oder Margarine, die Nüsse, den Zucker und das Mehl abwiegen oder abmessen und zu den Haferflocken geben.

3. Die Eier, das Salz, den Zimt, die Nelken sowie die abgeriebene Zitronenschale dazugeben und alles mit den Quirlen des Handrührgeräts zu einem Teig verarbeiten.

4. Den Boden einer Springform (26 cm Ø) einfetten und mit etwa $^{2}/_{3}$ des Teiges auslegen.

5. Vom übrigen Teig die Hälfte zu einer Rolle formen und an den Rand der Springform legen. Den Tortenboden mit Marmelade bestreichen. Anschließend den Backofen auf 200 °C Ober-/Unterhitze (Umluft 180 °C / Gas Stufe 4) vorheizen.

6. Den restlichen Teig in Streifen gitterartig über die Marmelade legen. Den Rand und die Gitterstreifen mit Eigelb bestreichen, die Torte in den vorgeheizten Backofen schieben und 35 Minuten backen.

Unser Tipp:
Diese unkomplizierte Variante der berühmten Linzer Torte ist schnell gemacht. Wenn Sie den Geschmack des Originals lieben, nehmen Sie einfach Johannisbeermarmelade – am besten ist natürlich die selbst gemachte.

Süßes Gewitter

12 Stücke; Arbeitszeit: etwa 1 Stunde, Backzeit: etwa 1 Stunde

Für den Rührteig:
4 Eigelbe, 100 g Butter, 100 g Zucker, 1 EL Vanillepulver, 150 g Mehl, 1/2 TL Backpulver, 4 Eiweiß, 150 g Puderzucker, 150 g gehobelte Mandeln

Für die Füllung:
500 ml Schlagsahne, 1 EL Vanillezucker, 1 Päckchen Sahnefestiger, 1 Glas Stachelbeeren bzw. Kirschen, Mandarinen oder Obst nach Belieben

Außerdem:
Puderzucker zum Bestäuben

Zubereitung:
1. Eigelbe mit Butter, Zucker und Vanillezucker schaumig rühren. Mehl und Backpulver mischen, sieben und unter die Buttermasse ziehen. Die halbe Menge Teig in eine Springform füllen.

2. Eiweiß gut schaumig rühren und dann mit dem Puderzucker steif schlagen. Die Hälfte des Eischnees auf den Teig in der Form streichen. Mit 75 g gehobelten Mandeln bestreuen den Kuchen im vorgeheizten Backofen bei 180 °C Ober-/Unterhitze (Umluft 160 °C / Gas Stufe 3) etwa 25 Minuten backen. Den Kuchenboden aus der Form lösen und auf einem Rost ganz auskühlen lassen.

3. Die zweite Hälfte des Teigs ebenfalls in die Form geben, mit dem restlichen Eischnee bestreichen, mit 75 g Mandeln bestreuen und genauso backen wie den ersten Boden.

4. Für die Füllung die Sahne mit dem Vanillezucker und dem Sahnefestiger steif schlagen. Ein Drittel der Sahne auf einen gebackenen Boden streichen. Abgetropftes Obst darauf verteilen, etwas in die Sahne drücken, ein weiteres Drittel Sahne auf die Früchte geben.

5. Die restliche Sahne in eine Spritztüte mit Sterntülle füllen und auf die letzte Sahneschicht 12 Spiralen aus Sahne als Stütze spritzen.

6. Den zweiten Tortenboden in 12 Stücke teilen und die Stücke an die Sahnespiralen stellen. Dir Torte etwas mit Puderzucker bestäuben.

Unser Tipp:
Wer im Besitz von Tupperware ist, kann für die Zubereitung des Süßen Gewitters verwenden: Große Rührschüssel 3,0 l, Rucki-Zucki, Silikon-Wellen-Runde, Top-Schaber, Mini-Candy 1,2 l, Pfiffikus, Saladin®, Tortenzauber, Süße Müllerin.

Frankfurter Kranz

12 Stücke; Arbeitszeit: etwa $1\frac{1}{2}$ Stunden, Ruhezeit: etwa 1 Stunde, Kühlzeit: 2 Stunden, Backzeit: 45 Minuten

Für den Pudding:
1 Päckchen Puddingpulver „Vanille-Geschmack“ (für $\frac{1}{2}$ l Milch; zum Kochen), 120 g Zucker, 100 ml Milch

Für den Boden:
250 g Süßrahmbutter, 200 g Zucker, 1 Päckchen Vanillezucker, 1 Prise Salz, 4 Eier, 250 g Mehl, 50 g Speisestärke, 3 TL Backpulver, 4 EL Schlagsahne, Fett und Paniermehl für die Form

Für die Buttercreme:
300 g weiche Butter, 1 Päckchen Vanillezucker

Außerdem:
200 g Erdbeerkonfitüre, 50 g Mandelstifte, Frischhaltefolie, 100 g Zucker

Zubereitung:
1. Für den Pudding das Pulver, Zucker und die Milch glatt rühren. Restliche Milch aufkochen und Puddingpulver einrühren. Etwa 1 Minute kochen lassen. Mit Frischhaltefolie direkt auf der Oberfläche abdecken und auskühlen lassen.

2. Für den Teig 250 g zimmerwarme Butter, 200 g Zucker, 1 Päckchen Vanillezucker und Salz schaumig schlagen. Eier nacheinander unterrühren. Mehl, Stärke und Backpulver sieben und abwechselnd mit Sahne untermengen.

3. Anschließend den Backofen auf 175 °C Ober-/Unterhitze (Umluft 160 °C / Gas: Stufe 2) vorheizen. Eine Kranzform (2 Liter, 25 cm Ø) fetten und mit Paniermehl ausstreuen. Den Teig einfüllen und glatt streichen. Im heißen Backofen etwa 45 Minuten backen.

4. Den Kuchen in der Form 10 Minuten ruhen lassen und anschließend auf ein Gitter stürzen. Auskühlen lassen.

5. Für die Buttercreme 300 g weiche Butter und 1 Päckchen Vanillezucker mit den Schneebesen des Handrührgerätes schaumig schlagen. Den vorbereiteten Pudding kräftig durchrühren und löffelweise unter die Butter schlagen.

6. Den Kranz zweimal horizontal durchschneiden und einen Boden auf eine Platte geben. Boden erst mit Hälfte der Erdbeerkonfitüre, dann mit 1/4 der Buttercreme bestreichen. Mit dem zweiten Boden belegen und wie beim ersten verfahren. Mit dem Deckel abschließen und den Kranz mit restlicher Buttercreme einstreichen. Etwa 2 Stunden kalt stellen.

7. Die Mandeln in einer Pfanne ohne Fett goldbraun rösten. 100 g Zucker in einer Pfanne karamellisieren lassen. Mandeln einrühren und auf Backpapier geben. Erkalten lassen. Den Krokant in Stücke brechen, den Kranz damit möglichst gleichmäßig verzieren und servieren.

Coco-Lumbus-Café

Arbeitszeit: etwa 10 Minuten

Für den Kaffee:
1 TL Kokosflocken, 2 TL löslicher Kaffee, 2 cl Kokoslikör (zum Beispiel Batida de Coco) oder 1 TL Kokosnusscreme aus der Dose (zum Beispiel Cream of Coconut)

Außerdem:
50 ml geschlagene Sahne

Zubereitung:
1. Die Kokosflocken in einer beschichteten Pfanne ohne weitere Zugabe von Fett leicht anrösten.

2. Den löslichen Kaffee in eine Tasse geben, mit heißem Wasser aufgießen und den Kokoslikör bzw. die Kokoscreme einrühren.

3. Die Sahne steif schlagen und 2 EL auf den Kaffee in der Tasse geben. Die Kokosflocken darüber streuen und alles heiß servieren.

Gut zu wissen:
Nach Erdöl ist Kaffee heute noch der wichtigste Rohstoff auf dem Weltmarkt. Allein der Pro-Kopf-Verbrauch der Deutschen liegt bei etwa 1000 Tassen im Jahr, und der Markt ist heiß umkämpft. Die ICO (= International Coffee Organization) versucht, Angebot und Nachfrage und damit die Preise zu regeln.

Das wichtigste Erzeugerland ist Brasilien, gefolgt von Kolumbien, Mexiko und den zentralamerikanischen Staaten sowie Indonesien, Uganda und der Elfenbeinküste.

Die große Nachfrage führte in vielen Regionen zu einer Monokultur in Plantagen großen Stils, die den Export beherrschten und Kleinbauern kaum eine Chance ließen. In den letzten Jahren gab es jedoch immer mehr Erfolg versprechende Versuche, sich in Erzeugergemeinschaften (wie »gepa« oder »transfair«) zusammenzuschließen.

Café à l'Orange

1 Tasse; Arbeitszeit: etwa 12 Minuten

Für den Kaffee:
1 ungespritzte Orange, 1 Stück ganze Orangenschale, $^1/_8$ l kräftig-starker, schwach gesüßter löslicher Kaffee, 1 Likörglas Cognac

Außerdem:
50 ml süße Sahne

Zubereitung:
1. Die Orange abwaschen und die Schale mit einem Zestenreißer oder einem scharfen Messer etwa zur Hälfte abtrennen. Etwa 1 TL der Schale sehr fein hacken und in einen Kaffeebecher geben. Pro Becher ein Stück Orangenschale beiseite legen.

2. Den Kaffee zubereiten.

3. Die fein gehackte Orangenschale im Becher mit dem Cognac übergießen und einige Minuten ziehen lassen. Anschließend mit dem heißen Kaffee aufgießen.

4. Die Sahne steif schlagen und gut 2 EL mit dem Orangenlikör vermischen, auf den Kaffee geben und mit einem Stückchen Orangenschale und – nach Geschmack mit Schokoraspel – dekorieren.

Kaffeepunsch

Arbeitszeit: etwa 8 Minuten

Zutaten für vier Gläser:
1/2 l Rotwein, 2 TL löslicher Kaffee, 6 cl Weinbrand, 4-6 EL brauner Zucker

Außerdem:
2 frische Feigen zum Dekorieren

Zubereitung:
1. Den Rotwein in einen Topf gießen. Den löslichen Kaffee, den Weinbrand und den Zucker zufügen und alles bis kurz vor dem Kochen erhitzen.

2. Den fertigen Punsch in passende Gläser gießen und den Glasrand mit je einer Feige verzieren.

Gut zu wissen:
Weltweit hält der Kaffee unter den Getränken eine Spitzenposition. Laut Statistik trinken die Deutschen drei bis vier Tassen täglich, das sind etwa 170 Liter pro Jahr, denn Kaffee ist Muntermacher, Leistungsförderer und Genussmittel in einem. Denn Röstkaffee zählt mit seinen bis zu 0,1% flüchtigen Aromastoffen zu den aromareichsten Lebensmitteln.

Durch Untersuchungen der Aromasubstanzen wurden bisher 700 flüchtige Verbindungen entdeckt – und das scheint noch lange nicht das Ende zu sein.

Rüdesheimer Kaffee

1 Kaffeebecher; Arbeitszeit: 15 Minuten

Für 1 Originalbecher „Rüdesheimer Kaffee":
Heißer Kaffee, Schlagsahne, Vanillezucker, 3 Stück Zuckerwürfel, 4 cl Asbach Uralt, Schokoraspel (bitter)

Zubereitung:
1. Den Kaffee zubereiten und die mit Vanillezucker gesüßte Schlagsahne steif schlagen.

2. Die Zuckerwürfel in einen Originalbecher „Rüdesheimer Kaffee" geben. Den Alkohol abmessen, in einem Topf gut erhitzen, über den Zucker gießen und entzünden. Umrühren und etwa 1 Minute brennen lassen.

3. Mit dem heißen Kaffee bis etwa 2 cm unter den Becherrand auffüllen.

4. Eine Haube aus süßer Schlagsahne aufsetzen.

5. Mit Schokoraspel dekorieren.

Rüdesheimer Eiskaffee

1 Kaffeebecher; Arbeitszeit: etwa 15 Minuten

Für 1 Originalbecher „Rüdesheimer Eiskaffee":
1 Tasse Kaffee, 3 Kugeln Vanilleeis, 4 cl Asbach, Schlagsahne, Vanillezucker, Schokoraspel (bitter)

Zubereitung:
1. Am besten einige Stunden vor der Zubereitung des Eiskaffes eine Tasse Kaffee kochen und auskühlen lassen. Dann in den Kühlschrank stellen, damit der Kaffee kalt wird.

2. Anschließend das Vanilleeis in einen Originalbecher Rüdesheimer Kaffee füllen und mit dem Asbach übergießen.

3. Den Becher mit dem eiskaltem Kaffee bis kurz unter den Becherrand auffüllen.

4. Die Sahne steif schlagen – dabei etwas Vanillezucker zugeben, um die Sahne zu süßen. Eine Haube Sahne auf den Eiskaffee setzen.

5. Das Getränk – nach Belieben – mit Schokoraspel oder -streuseln dekorieren und mit Trinkhalm und Löffel servieren.

Unser Tipp:
Sehr lecker schmecken zum Eiskaffee kleine süße Köstlichen, die Sie in unseren Rezepten auf den Seiten 34-49 finden.

Eiskaffee

4 Gläser: Arbeitszeit: etwa 10 Minuten

Für 1 Glas oder 1 Becher Eiskaffee:
$^1/_2$ l Kaffee, kalt, aus löslichem Kaffee (4 Kaffeelöffel), $^1/_2$ l Vollmilch, 4 EL Zucker, 1 Packung Vanilleeis

Zubereitung:
1. Aus dem löslichen Kaffee nach Packungsanleitung $^1/_2$ l kalten Kaffee zubereiten. Dieselbe Menge Vollmilch dazugießen und mit einem Rührgerät unterrühren.

2. Das Vanilleeis dazugeben und alles etwa 15 Minuten im Kühlschrank kalt stellen.

3. Den abgekühlten Eiskaffee in große Gläser oder Becher füllen und kalt servieren.

Sommerliche Brise

1 Glas; Arbeitszeit: etwa 10 Minuten

Für 1 Glas oder 1 Becher Eiskaffee:
1 TL löslicher Kaffee, Orangensaft,
frisch gepresst aus einer Frucht,
1 Eigelb, 2 TL Zucker, 1 Kugel Vanilleeis

Zubereitung:
1. Das Vanilleeis in ein Glas füllen.

2. Alle anderen Zutaten im Mixbecher oder in einem Gefäß gut mischen (mit einem Schneebesen) und über das Eis geben. Vor dem Servieren noch einige Zeit kühlen.

Pfirsich-Joghurt-Shake

1 Glas; Arbeitszeit: 15 Minuten

Für den Shake:
1 reifer Pfirsich, 1 Becher Sahnejoghurt (150 g), 1 TL löslicher Kaffee

Zubereitung:
1. Einen Topf mit Wasser erhitzen.

2. Die Haut des Pfirsichs überkreuz einritzen und kurz ins kochende Wasser legen. Die Frucht dann abschrecken und die Haut abziehen.

3. Den Pfirsich halbieren und den Stein herauslösen. Das Fruchtfleisch würfeln und in einen Mixer geben.

4. Den Joghurt zufügen und alles pürieren.

5. Den löslichen Kaffee in 1-2 EL heißem Wasser auflösen und unter den Pfirsich-Joghurt-Shake mischen.

Unser Tipp:
Ein solcher Kaffee-Shake ist schnell gemacht und immer etwas Besonderes: Sie können ihn zum Abschluss eines sommerlichen Menüs als Dessert reichen oder einfach als kleinen Snack mit Keksen am Nachmittag.

Der Shake schmeckt auch prima, wenn Sie ihn vor dem Servieren noch einige Zeit in den Kühlschrank stellen. Sie variieren das Rezept ganz unkompliziert mit 2 Aprikosen oder 1 Scheibe Ananas pro Glas. Und Sie können natürlich geraspelte Schokolade oder Schokofiguren als Garnitur verwenden.

Bananen-Mokka-Flip

1 Glas; Arbeitszeit: 10 Minuten

Für den Flip:
1 Banane, 200 ml naturtrüber Apfelsaft, 1 EL löslicher Kaffee, 2 EL gemahlene Mandeln, 2 EL Ahornsirup

Zubereitung:
1. Die Banane schälen, in Scheiben schneiden und in einen hohen Rührbecher geben. Den Apfelsaft dazugießen und alles mit einem Schneidstab pürieren.

2. Den löslichen Kaffee in 1-2 EL heißem Wasser auflösen. Mit Mandeln und Ahornsirup in den Becher geben und gut verrühren.

Unser Tipp:
Ein Flip ist ein Drink, der immer mit frischem Eigelb zubereitet wird: Verwenden Sie nur ganz frische Eier, damit der Flip gut bekömmlich und delikat ist, und lassen Sie ihn nicht lange (im Warmen) stehen – es besteht sonst Salmonellengefahr.

Eiskrapfen

8 Krapfen; Arbeitszeit: 1 Stunde, Backzeit: 20 Minuten
Kühlzeit: 15 Minuten

Für den Teig:
3 Eier, 120 g Zucker, 3 EL Wasser, 1 Prise Salz, 130 g Aurora Mehl (zum Beispiel Sonnenstern-Mehl, Type 405, oder Aurora Urkraft des Keimes), 1 TL Backpulver, Butter für die Form

Für die Sauce:
200 ml Sahne, 50 g Zucker, 1 EL Weinbrand, 1 EL Orangenlikör, 100 g Haselnussnougat

Für die Dekoration:
3 Eiweiß (leicht anschlagen), 150 g Mandelblättchen, Puderzucker zum Bestäuben, 8 Kugeln Vanilleeis, Öl zum Frittieren

Zubereitung:
1. Eier trennen. Eigelbe mit Zucker, Salz und Wasser schaumig schlagen. Mehl und Backpulver mischen. Das Eiweiß steif schlagen und mit der Mehlmischung vorsichtig unter die Eigelb-Masse heben. Den Backofen auf 180 °C Ober-/Unterhitze (Umluft 160 °C / Gas Stufe 3) vorheizen.

2. Den Boden einer Springform mit Backpapier auslegen und den Rand mit etwas weicher Butter bestreichen. Die Masse einfüllen und im heißen Backofen auf mittlerer Schiene 20 Minuten backen. Kuchen mit einem Messer vom Rand lösen, stürzen, Backpapier vorsichtig abziehen und auf einem Kuchengitter auskühlen lassen.

3. Für die Pralinensauce 50 ml Sahne mit Zucker, Orangenlikör und Weinbrand verrühren. Nougat klein schneiden und im Wasserbad auflösen. Nougat etwas abkühlen lassen und in die flüssige Sahne einrühren.

4. Den ausgekühlten Biskuitboden in drei gleich große Böden teilen. Mit einem Ausstecher (etwa 7 cm Durchmesser) 8 kleine Böden ausstechen, mit einem weiteren (etwa 9 cm Durchmesser) ebenfalls 8 Böden ausstechen. Auf die kleinen Böden je eine Vanilleeiskugel setzen und mit dem

anderen Boden belegen. Zu einer Kugel formen, fest zusammendrücken, in Eiweiß- und Mandelblättchen wenden. Für etwa 15 Minuten im Tiefkühlschrank einfrieren.

5. 150 ml Sahne leicht anschlagen und unter die Nougatsauce heben.

6. Öl in einem Topf (Friteuse) erhitzen, Eiskrapfen darin goldbraun frittieren, auf einem Küchenpapier abtropfen lassen. Eiskrapfen mit Puderzucker bestäuben und mit Pralinensauce servieren.

Panna cotta mit Himbeersauce

7 Portionen; Arbeitszeit: 30 Minuten, Garzeit: 10 Minuten
Kühlzeit: über Nacht

Für die Panna cotta:
1 Vanilleschote, 500 ml Schlagsahne, 125 g Zucker, 8 Blatt weiße Gelatine

Für die Sauce:
250 g Himbeeren, 125 ml Rotwein, 125 ml Wasser, 10 g Speisestärke, 3-4 EL Grenadine (Granatapfellikör)

Zubereitung:
1. Vanilleschote aufschlitzen und das Mark aus der Schale kratzen. Schote und Mark mit der Sahne und 50 g Zucker aufkochen und beiseite stellen.

2. Gelatine in kaltem Wasser 10 Minuten quellen lassen. Die Vanilleschote aus der heißen Sahne nehmen, die Gelatineblätter leicht ausdrücken, in der Sahne auflösen, alles in Förmchen gießen und über Nacht im Kühlschrank fest werden lassen.

3. Für die Sauce die Himbeeren kurz waschen oder Tiefkühlware verwenden. Rotwein, Wasser, restlichen Zucker und die Speisestärke aufkochen. Die Hälfte der Beeren dazugeben und mit einem Pürierstab zerkleinern. Die übrigen Himbeeren im Ganzen dazugeben.

4. Zum Servieren die Panna cotta aus den Förmchen stürzen. Aus der Sauce (heiß oder kalt) einen Spiegel auf jeden Teller gießen und je eine Panna cotta darauf setzen.

Unser Tipp:
Wer im Besitz von Tupperware ist, kann für die Zubereitung der Panna cotta mit Himbeersauce folgende Artikel verwenden: Frühstücksbrettchen (2), Universalmesser, 1,0-l-Microplus-Kanne, Große Hit-Parade (3), Kunststoff-Schneebesen, Silikon-Muffin-Reigen, Sieb-Servierer.

Sie können die Sahne mit dem Vanillemark auch 5 Minuten bei 600 Watt in der 1,0-l-Microplus-Kanne von Tupperware kochen. Ebenso können Sie den Rotwein, das Wasser, 75 g Zucker und die Speisestärke 5 Minuten bei 600 Watt in der Kanne aufkochen und anschließend die Beeren wie beschrieben zugeben.

Joghurt-Mint-Creme auf Kirschen

4 Portionen; Arbeitszeit: 25 Minuten

Für die Creme:
1 Glas Sauerkirschen, 100 g Schoko-Mint-Täfelchen, 200 ml Sahne, 400 g Naturjoghurt, 1 EL Vanillezucker, 50 g Zucker

Zum Dekorieren:
Minzeblättchen

Zubereitung:
1. Die Kirschen auf einem Sieb abtropfen lassen.

2. 4 Schoko-Mint-Täfelchen beiseite legen. Die übrigen klein hacken.

3. Die Sahne steif schlagen, Joghurt, Vanillezucker und Zucker gut verrühren und unter die Sahne heben. Zum Schluss die gehackten Mint-Täfelchen untermischen.

4. 4 Kirschen für die Garnitur beiseite legen, die übrigen gleichmäßig in Dessertschalen oder -gläsern verteilen. Die Sahnecreme darauf verteilen und mit den restlichen Mint-Täfelchen und Kirschen sowie den Minzeblättchen dekorieren.

Unser Tipp:
Noch schneller geht eine einfachere Form des Desserts: Die Kirschen abtropfen lassen, den Kirschsaft auffangen und erhitzen. 3 Blatt eingeweichte Gelatine darin auflösen und den Saft zusammen mit den Kirschen in die Dessertschalen füllen. Im Kühlschrank etwa 1 Stunde fest werden lassen. Mit frischen Kirschen dekoriert servieren.

Wer im Besitz von Tupperware ist, kann für die Zubereitung der Joghurt-Mint-Creme auf Kirschen zum Beispiel verwenden: Sieb-Servierer, Schneidbrett für A51, Kleine Servierschalen 400 ml (4).

Aprikosenpfannkuchen

4-6 Portionen; Arbeitszeit: etwa 15 Minuten
Ruhezeit: 30 Minuten

Für den Teig:
200 g Mehl, 250 ml Milch, 125 g Schlagsahne, 3 Eier, 1 Prise Salz, 1 EL Zucker, Öl zum Backen

Für die Füllung:
250 g Aprikosen, 100 g Aprikosenkonfitüre, 3-4 EL italienischer Mandellikör, Puderzucker zum Bestäuben

Zubereitung:
1. Mehl, Milch, Sahne, Eier, Salz, Zucker und 2 EL Öl glatt rühren und 30 Minuten quellen lassen.

2. Aprikosen mit kochendem Wasser überbrühen, häuten, entsteinen und in Spalten schneiden. Konfitüre erhitzen, Aprikosenspalten 1-2 Minuten darin ziehen lassen, dann den Likör unterrühren. In einer Pfanne im heißen Öl aus dem Teig dünne Pfannkuchen backen, mit den Aprikosen füllen und mit Puderzucker bestäuben.

Unser Tipp:
Pfannkuchen sind richtige „Universalgenies“: Man kann sie auf viele Arten zubereiten – und sie schmecken eigentlich immer.

Außer mit heißen Aprikosen kann man sie zum Beispiel mit Äpfeln füllen oder mit Birnen, Zwetschgen, Mangos, Erdbeeren, Himbeeren ... Suchen Sie entweder einen im Aroma harmonierenden Likör aus oder einen weichen Cognac.

Auch mit Nüssen, mit Quark oder mit Rosinen schmecken süße Pfannkuchen einfach lecker.

Besonders beliebt bei Kindern ist das Bestreichen der heißen Pfannkuchen mit Marmelade oder das Bestreuen mit Zimt-Zucker-Mischung. Dann werden die Pfannkuchen zusammengerollt und genüsslich vertilgt.

Apfelbeignets

4 Portionen; Arbeitszeit: etwa 15 Minuten
Ruhezeit: 40 Minuten, Garzeit: etwa 10 Minuten

Für den Teig:
60 g Haferflocken (zum Beispiel Kölln Instant Flocken), 60 g Weizenmehl (Type 405), 1/4 TL Jodsalz, 1 TL Zucker, 30 g zerlassene Butter, 185 ml Mineralwasser, 4 EL Bier, 1 EL Weinbrand

Für die Füllung:
4 Äpfel, 2 cl Calvados

Außerdem:
Fett zum Frittieren, 1 Eiweiß, Puderzucker zum Bestäuben

Zubereitung:
1. Die Haferflocken, Mehl, Salz und Zucker in eine Schüssel geben. Butter, Mineralwasser, Bier und Weinbrand dazugeben und glatt rühren. Den Teig anschließend 40 Minuten ruhen lassen, damit er quellen kann.

2. Äpfel schälen, Kerngehäuse mit einem Apfelausstecher entfernen und die Äpfel in 1 cm dicke Scheiben schneiden. Nach Wunsch mit einem Glas Calvados übergießen und ebenfalls etwas ziehen lassen.

3. Das Fett in der Fritteuse erhitzen.

4. Den Eischnee unter den Teig ziehen, die Apfelringe eintauchen und goldbraun frittieren. Auf Küchenkrepp abtropfen lassen und mit Puderzucker bestäubt servieren.

Unser Tipp:
Wenn Kinder mitessen, lassen Sie den Weinbrand weg und ersetzen ihn am besten mit einem Schuss Apfelsaft.

Zwetschgenparfait mit Haferkrokant

4 Portionen; Arbeitszeit: 25 Minuten, Garzeit: 15 Minuten
Kühlzeit: etwa 1 Stunde

Für den Haferkrokant:
25 g Butter, 60 g Haferflocken (zum Beispiel Köllns Echte Kernige), 40 g Zucker

Für das Parfait:
400 g Zwetschgen (frisch oder aus dem Glas), 2 Eigelbe, 25 g Zucker, 1/2 TL Zimt, 1 TL Zitronensaft, 150 g Schlagsahne

Zubereitung:
1. Butter in einer Pfanne zerlassen. Die Haferflocken und den Zucker dazugeben und in der Pfanne goldbraun rösten.

2. Die Zwetschgen waschen, entsteinen und in einen Topf geben. In wenig Zuckerwasser etwa 15 Minuten köcheln lassen. Die Zwetschgen anschließend in ein Sieb gießen und abtropfen lassen.

3. Wenn die Zwetschgen abgekühlt sind, im Standmixer pürieren.

4. Die Eigelbe mit Zucker schaumig schlagen. Das Zwetschgenpüree ebenso wie Zimt und Zitronensaft hinzufügen. Sahne steif schlagen und vorsichtig unterheben.

5. Vier Soufflé-Förmchen mit Haferkrokant ausstreuen. Restliches Krokant beiseite stellen.

6. Die Creme in die Soufflé-Förmchen füllen und im Gefrierfach etwa 1 Stunde einfrieren.

7. Danach die Formen kurz unter heißes Wasser halten und stürzen. Das Zwetschgenparfait mit Haferkrokant bestreut servieren.

Quarkstrudel

12 Stücke; Arbeitszeit: etwa 45 Minuten, Ruhezeit: 30 Minuten
Backzeit: 30 Minuten

Für den Teig:
300 g Mehl, 1/2 TL Salz, 1 1/2 TL Öl

Für die Füllung:
1/2 Zitrone, 3 Eier, 60 g Butter, 200 g Zucker, 2 EL Vanillezucker, 250 g Magerquark, Rosinen, 50 g Butter

Außerdem:
Puderzucker zum Bestäuben

Zubereitung:
1. Für den Teig Mehl und Salz in eine Schüssel sieben, in die Mitte eine Vertiefung drücken, das Öl hineinträufeln. Mit den Knethaken des Handrührgeräts schlagen, dabei soviel lauwarmes Wasser zugießen, dass ein weicher und geschmeidiger Teig entsteht. Weiterschlagen, bis sich der Teig vom Schüsselrand löst, dann abgedeckt 30 Minuten ruhen lassen.

2. In der Zwischenzeit für die Füllung von der halben Zitrone die Schale abreiben und beiseite stellen, die Zitrone auspressen.

3. Die Eier trennen. Die Eigelbe in eine Rührschüssel geben und mit Butter, Zucker, Vanillezucker, Zitronenschale und -saft sehr schaumig rühren. Dann den Quark – und nach Geschmack Rosinen – dazugeben.

4. Das Eiweiß steif schlagen und unter die Quarkmasse heben. Anschließend den Backofen auf 195-200 °C Ober-/Unterhitze (Umluft 175 °C / Gas Stufe 4) vorheizen.

5. Den Strudelteig in 3 Stücke teilen und jedes einzeln ausrollen. Die Butter schmelzen und auf die Teigplatten streichen. Je ein Drittel der Quarkmasse darauf verteilen, zusammenrollen und in eine gefettete Kasserolle setzen. Im heißen Backofen etwa 30 Minuten backen. Mit Puderzucker bestäubt servieren.

Unser Tipp:
Quarkstrudel lässt sich sehr gut einfrieren. Wer im Besitz von Tupperware ist, kann für die Zubereitung des Quarkstrudels verwenden: Große Rührschüssel, 3,0 l, Mini-Candy 1,2 l, UltraPlus 2,0 l-Kasserolle-Set quadratisch.

Register